Ina Mielkau

Resteliebe

PAPPE

KIDS

Alles verwenden.
Nichts verschwenden.

FANTASTISCHE
IDEEN
AUS PAPPE

CV

INHALTSVERZEICHNIS

SHOW
WELCOME
ZIRKUS
ZIRKUS
23

TELEFON

VORWORT

Resteliebe Pappe

Resteliebe – das heißt, nichts verschwenden, alles verwenden.
Gerade wer mit Kindern bastelt, weiß, wie verschwenderisch die Kids mit Materialien umgehen können. Dabei sind farbige oder bedruckte Papiere nicht immer günstig! Vor allem, wenn es sich um etwas stabileres Material handeln soll.

Wie oft bekommen wir Päckchen mit Unmengen von Verpackungsmaterial! Auch im Haushalt finden sich viele Pappreste, die sich noch prima zum Basteln verwenden lassen. Leere Toiletten- und Küchenrollen, Milch- oder Safttüten, alte Schuhkartons oder die Verpackung der Frühstücksflocken. Mit Schere, Farbe, Kleber und viel Fantasie lassen sich daraus viele tolle Projekte mit den Kids basteln.

Und vielleicht kann man so auch dem einen oder anderen kleinen Bastelkünstler das Thema Nachhaltigkeit näherbringen. Denn Upcycling ist längst nicht nur etwas für die Erwachsenen.

DIE WERKZEUGE

Das wichtigste – außer dem Material – sind Schere, Stift, Lineal und Kleber. Die findest du eigentlich in jedem Haushalt. Dann noch ein bisschen Farbe und die richtigen Pinsel – schon kann's losgehen.

Wer bereits länger bastelt, der hat sicher auch noch ein paar andere nützliche Dinge zur Hand. Zirkel, Lochzange oder Tacker können zum Beispiel sehr hilfreich sein. Auch doppelseitiges Klebeband ist ein prima Helfer, wenn ein Kleber seinen Job nicht so schnell macht, wie er soll.

Eine Heißklebepistole ist ebenfalls eine sehr gute Lösung für solche Fälle. Sie gehört aber nicht in Kinderhände. Hier sollte unbedingt ein Erwachsener zur Seite stehen. Lass dir also lieber helfen. Das gilt übrigens auch, wenn einmal etwas mit einem Cuttermesser ausgeschnitten werden muss!

Zwei Projekte benötigen noch zusätzlich eine Nietenzange. Vielleicht hat jemand aus der Nachbarschaft eine zur Hand?

Und noch ein Wort zu den Farben. Acrylfarben eignen sich zum Anmalen der Pappprojekte am besten. Allerdings solltest du hier nicht die billigsten Farben verwenden, denn eine Farbe, die nicht richtig deckt, macht am Ende keinen Spaß.

Filzstifte, Lackstifte und Kreidemarker sind zusätzlich noch gute Helferlein.

Eine kleine Hilfe für die kreativen Projekte findest du hinten im Buch ab Seite 74, nämlich Vorlagen zum Nachzeichnen oder Kopieren.

KLEINE TIPPS

TIPP 1

Bevor du anfängst mit einem Bastelprojekt, schaue zuerst nach, was du alles benötigst, und lege die Materialien auf deinem Basteltisch zurecht.

TIPP 2

Ist kein Zirkel im Haus vorhanden, lassen sich Kreise auch mithilfe von Bechern oder Tellern aufzeichnen. Einfach mal nachschauen, was du so an runden Gegenständen findest.

TIPP 3

Eine große Schere für die Papp-Projekte ist gut, um Dinge grob auszuschneiden. Für kleine Teile solltest du auch immer eine möglichst kleine Schere haben.

TIPP 4

Benötigst du für ein Projekt mehrere gleiche Teile, ist es super, wenn du dir zuvor eine Schablone schneidest, die du zum Aufzeichnen immer wieder verwenden kannst.

TIPP 5

Für das Mischen der Farben eignen sich Becher ganz prima. Du kannst Joghurt- oder Sahnebecher sammeln und darin einfach deine Farben anmischen.

TIPP 6

Das Füllpapier aus Versandkartons oder Packpapier kannst du auch sehr gut als Unterlage beim Basteln verwenden. So bleibt der Küchentisch auch weiterhin sauber ;)

TIPP 7

Hebe auch kleine farbige Papierschnipsel auf und sammle sie z.B. in einem alten Briefumschlag. Man weiß nie, wofür man ein kleines Stückchen gebrauchen kann.

REGENBOGEN-MOBILE

Auf Regen folgt Sonnenschein ...

Na ja, meistens – und dann gibt es einen wunderschönen Regenbogen am Himmel. Es heißt ja, am Ende jedes Regenbogens liege ein Schatz verborgen. Aber würdest du aus einem Flugzeug schauen oder auch von einem sehr, sehr hohen Gebäude, dann könntest du sehen, dass ein Regenbogen gar kein Bogen ist. Sondern eigentlich ein Regenkreis, denn der Regenbogen ist am Horizont nicht zu Ende. Und da er kein Ende hat, gibt es wahrscheinlich auch keinen Schatz. Schade, oder?

Kennst du die 7 Farben des Regenbogens?
Es sind Rot, Orange, Gelb, Grün, Blau, Indigo und Violett. Welche Farbe hat dein Regenbogen? Hast du vielleicht ganz besondere Lieblingsfarben?

1

2

3
ACRYLFARBE

4

REGENBOGEN-MOBILE

MATERIAL

* **feste Pappe**
* **Perlonschnur**

WERKZEUG

* **Stift**
* **1 Bogen A4-Papier**
* **Schere**
* **Nadel**
* **Pinsel**
* **Acrylfarben**
* **Töpfchen für die Farbe**

UND SO GEHT'S

1. Für den Regenbogen kopierst du dir die Vorlagen von Seite 77. Dann faltest du einen A4-Bogen in der Mitte zusammen und überträgst die Formen zur geschlossenen Kante hin. Anschließend schneidest du die Bögen und das Herz mit der Schere aus und klappst die Formen auf. Nun hast du eine Vorlage für deinen Regenbogen.

2. Nachdem du die Bögen auf den Karton übertragen hast, zeichnest du mit einem Bleistift auf jedem Bogen eine Linie in der Mitte, denn jeder Bogen bekommt 2 Farben. Die 7. Farbe ist das Herz.

3. Nun wählst du deine Lieblingsfarben und malst die einzelnen Streifen und das Herz aus. (Sollte deine Pappe nicht weiß sein, ist es besser, sie erst einmal mit weißer Farbe anzumalen, damit die Farben später schöner leuchten.)

4. Sind beide Seiten fertig und gut angetrocknet, fädelst du ein langes Stück Perlonschnur auf eine Nadel und verbindest die einzelnen Bögen miteinander. Am Ende des untersten Bogens machst du ein paar Knoten, dann fädelst du noch das Herz auf und verknotest das Ende gut, so dass die Schnur nicht herausrutschen kann. Am oberen Ende lässt du ein langes Stück und machst eine Schlaufe zum Aufhängen.

MONDRAKETE

Kleiner Schritt - großer Sprung.

Würdest du nicht auch gerne mal auf den Mond fliegen? Der erste Flug zum Mond dauerte 3 Tage und 4 Stunden. Ganz schön lange denkst du? Aber so eine Rakete ist ja superschnell. Würdest du mit einem schnellen Auto zum Mond fahren können (ohne zu tanken und zu schlafen), dann bräuchtest du ungefähr 70 Tage. Das ist tatsächlich eine ganz schön lange Zeit.

Der erste Mann auf dem Mond war Neil Armstrong mit der Rakete Apollo 11. Er betrat den Mond am 21. Juli 1969 und sagte den berühmten Satz: „Ein kleiner Schritt für einen Menschen, aber ein gewaltiger Sprung für die Menschheit".

1

2

3

4

5
UHU

MONDRAKETE

MATERIAL

* Küchenrolle
* farbige Papierreste

WERKZEUG

* Stift
* Schere
* Lineal
* Zirkel
* evtl. Kreisstanze
* Pinsel
* Acrylfarbe
* Töpfchen für die Farbe
* Kleber (Klebestift, doppelseitiges Klebeband)

UND SO GEHT'S

1. Als Erstes bereitest du die Raketenfüße vor. Dazu kopierst du dir die Vorlage von Seite 76 und zeichnest sie 3-mal auf eine Pappe. Anschließend schneidest du sie aus und malst sie von beiden Seiten zum Beispiel mit Goldfarbe an.

2. Danach fertigst du die Raketenspitze an. Mit einem Zirkel malst du einen Kreis von ca. 10 cm Durchmesser auf dein Papier und schneidest ihn mit einer Schere aus. Dann schneidest du den Kreis mit der Schere von der Kante bis zum Mittelpunkt ein. Nun drehst du die beiden Seiten an der Einschnittstelle soweit ein, dass sie sich gut überlappen, und klebst den so entstandenen kleinen Kegel fest. (Tipp: Sollte der Kleber nicht gleich trocknen, kannst du eine Wäscheklammer an die Stelle klemmen, um sie festzuhalten.)

3. Dann beklebst du deine Küchenrolle mit einem passenden Papierrest. Bei festerem Papier kannst du doppelseitiges Klebeband verwenden.

4. Nun schneidest du am unteren Ende der Rolle 3 Schlitze ein und schiebst dort deine Raketenfüße hinein.

5. Nachdem du deine Rolle mit 2 Kreisen beklebt hast (verwende zum Ausschneiden eine Stanze oder Zirkel und Schere), klebst du die Raketenspitze auf. Und dann: „Guten Flug!"

PAPP-ELEFANT

Ein rosaroter Elefant

Das Schöne beim Basteln ist, dass man jedem Tier die Farbe geben kann, die man möchte. Zum Beispiel die Lieblingsfarbe Rosa. So entsteht ganz einfach ein rosa Elefant. Den gibt es in der Natur natürlich nicht. Ein Elefant ist eigentlich dunkelgrau oder braun. Nur manchmal haben sie tatsächlich rosa Flecken auf der Stirn.

Es gibt aber Tiere, die sind wirklich rosa, wie zum Beispiel der Flamingo. Es gibt auch Eidechsen und Heuschrecken, die rosafarben sind. Und sogar einen sehr seltenen, geheimnisvollen rosa Flussdelfin, der im Amazonas lebt.

1

3

2

4

PAPP-ELEFANT

MATERIAL

* Karton
* farbige Papierreste
* 4 Wäscheklammern aus Holz

WERKZEUG

* Stift
* Schere
* Pinsel
* Acrylfarbe
* Töpfchen für die Farbe
* kleine Holzstäbe
* Kleber

UND SO GEHT'S

1. Kopiere dir die Vorlage von Seite 76 und übertrage den Elefanten und seine Ohren auf ein Stück Pappe.

2. Wenn du die Teile anschließend ausgeschnitten hast, kannst du sie anmalen. Rosa oder in jeder anderen Farbe, die du magst.

3. Die 4 Wäscheklammern malst du in der gleichen Farbe an. Das gibt später die Beine des Elefanten. Damit du dir beim Festhalten nicht zu sehr die Finger anmalst, kannst du dafür einen kleinen Stab verwenden. Klemme die Klammer daran fest und male sie dann an. Zum Trocknen stellst du den Stab mit den Klammern in ein kleines Gefäß.

4. Ist die Farbe auf allen Seiten trocken, kannst du deinen Elefanten fertigstellen. Klebe zunächst seine Ohren an. Male dann noch die Füße und die Augen auf. Aus Papierresten kannst du zum Beispiel auch eine hübsche Decke für deinen Elefanten zuschneiden. Dann klemmst du deine Klammern an seinem Bauch fest und schon ist der rosarote Elefant fertig.

FISCHPARADE

Wie ein Fisch im Wasser

Wäre das nicht toll, wie ein Fisch schwimmen zu können? Du könntest versunkene Schätze erkunden. Vielleicht ein altes Piratenschiff finden und dort mit anderen Fischen und Seepferdchen eine Party feiern. Oder zwischen den Korallen verstecken spielen. Du könntest den Wal-Gesängen lauschen und Blubberblasen steigen lassen.

Aber leider haben wir ja keine Flossen und wir können nicht wie die Fische unter Wasser atmen. Ja, auch Fische brauchen Luft zum Atmen. Aber sie müssen dafür nicht an Land. Anstatt einer Lunge, so wie wir sie haben, hat der Fisch Kiemen, mit denen er Luft aus dem Wasser filtert. Und da dies wiederum nur im Wasser funktioniert, kann ein Fisch nicht mit uns an Land leben.

1

2

3

4

FISCHPARADE

MATERIAL

* leere Toilettenpapier-Rollen
* farbige Papierreste

WERKZEUG

* Pinsel
* Acrylfarbe
* Töpfchen für die Farbe
* Lackstifte/Kreidemaler
* Kleber
* Bleistift
* Schere
* Tacker

UND SO GEHT'S

1. Zunächst bereitest du deine Pappröllchen alle vor. Male sie mit deinen Lieblingsfarben an und lasse die Farbe gut trocknen. Dann kannst du mit einem Lack- oder Kreidestift die Schuppen der Fische aufmalen.

2. Nun schneidest du eine Flosse und einen Schwanz für deinen Fisch aus. Dann drückst du deine Papierrolle an einem Ende zusammen, schiebst die Schwanzflosse ein Stück hinein und tackerst sie in der Mitte fest.

3. Aus einem roten Papier schneidest du einen schmalen Streifen ab für die Lippen des Fisches. Den klebst du dann an den vorderen, offenen Rand.

4. Nun kannst du auch die Seitenflosse aufkleben und noch ein Auge malen und ebenfalls aufkleben. Blubb blubb, fertig ist dein Fisch.

TIPP

Wenn du am unteren Ende eine ca. 40 cm lange Schnur mit einer kleinen Holzperle festtackerst, kannst du den Fisch als Fangspiel verwenden. Versuche mit Schwung die kleine Kugel mit dem Fischmaul zu fangen.

TISCHKICKER

Werde Weltmeister!

Lade deine Kumpels zum Kicken ein. Das Wetter ist schlecht?
Ihr habt keinen Fußballplatz? Null problemo!
Bastelt euch einen eigenen Fußballplatz. Einen Tischkicker.
Dann müsst ihr euch nur noch für eine Mannschaft entscheiden.

Schon vor 2000 Jahren hat man so etwas wie Fußball gespielt. Aber man sagt, Fußball ist, so wie du es heute kennst, erst um 1870 in Großbritannien entstanden. Das erste offizielle Länderspiel fand 1872 in Glasgow zwischen Schottland und England statt. Leider hat niemand ein Tor geschossen.

1

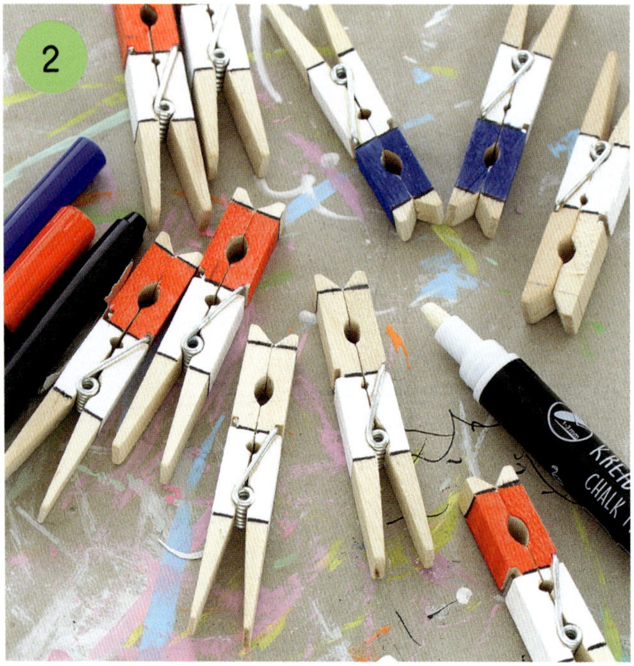
2

3
KREIDEMARKER
CHALK MARKER

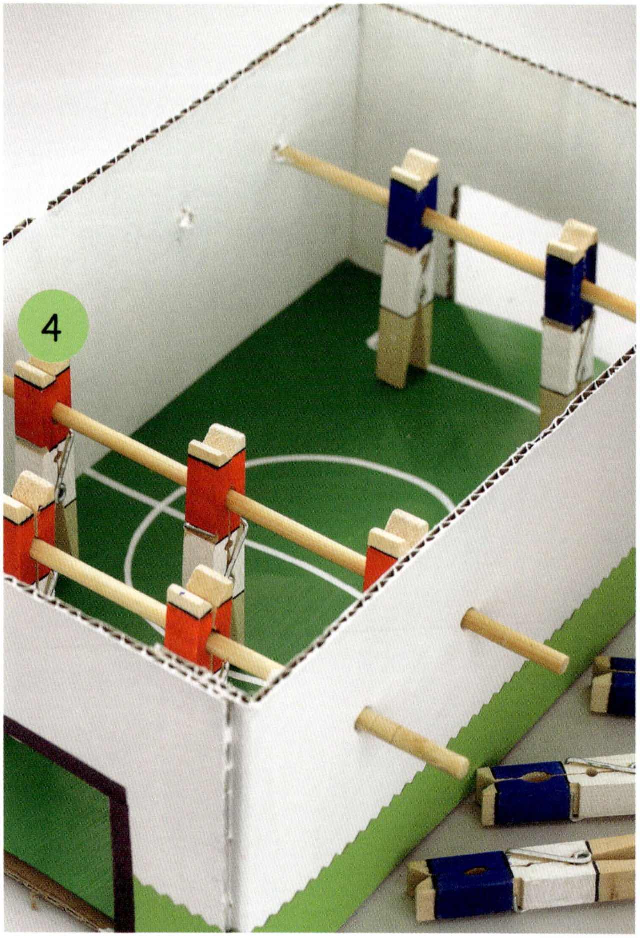
4

TISCHKICKER

MATERIAL

* **Pappkiste (z.B. Schuhkarton)**
* **Essstäbchen**
* **10 Wäscheklammern aus Holz**
* **Holzkugel oder Minifußball**

WERKZEUG

* **Bleistift**
* **Schere/ Zickzackschere**
* **Pinsel**
* **Acrylfarbe**
* **Töpfchen für die Farbe**
* **evtl. farbiges Tape**
* **Lineal**
* **Filzstifte/Kreidemarker**
* **Kleber**

UND SO GEHT'S

1. Zunächst bereitest du das Stadion vor. An den schmalen Seiten schneidest du die Tore aus. Für die Holzspieße brauchst du an jeder breiten Seite 4 Löcher. Lass dir beim Messen der Position helfen, damit deine „Spieler" genügend Beinfreiheit haben. Die Löcher kannst du mit einem Bleistift hineinstechen, so dass die Stäbchen gut durch passen. Dann malst du dein Stadion in der passenden Farbe an.

2. Für die 2 Mannschaften benötigst du jeweils 5 Klammern. Diese kannst du mit Kreidemarkern und Filzstiften anmalen. Je nachdem, wie deine Lieblingsmannschaft aussieht.

3. Wenn die Farbe an deinem Stadion trocken ist, kannst du es noch gestalten. Z.B. einen Rasenstreifen außen, den du mit der Zickzackschere ausschneidest und aufklebst. Innen benötigst du natürlich noch das Spielfeld. Dazu misst du eine Pappe in der richtigen Größe ab und malst sie grün an. Mit einem Kreidestift und dem Lineal malstdu die Linien auf dein Feld. Beim Mittelkreis kannst du einen Becher als Vorlage verwenden.

4. Dann steckst du deine Stäbchen in die Löcher der einen Seite, klemmt jeweils 2 und 3 Klammern verteilt an und schiebst das Stäbchen auf der anderen Seite wieder nach draußen. Nun benötigst du noch einen kleinen Ball. Das kann auch eine kleine Holzkugel sein. Einwurf und Anpfiff!

TIPP

Damit deine Stäbchen beim Spielen nicht herausrutschen, kannst du an einem Ende eine kleine Kugel ankleben oder ein Stückchen von einem Flaschenkorken.

Fridolin
Ferdi
Franz
Fritz
Frank
Fabian

TIERGALERIE

Ferdi, Fritz und Fridolin

Welche Tiere magst du am liebsten?
Sind es Tiere aus dem Zoo? Dem Stall? Oder dem Dschungel? Oder aus dem Wald?
Erschaffe dir deine eigene Tiergalerie und gib den Tieren einen Namen.

Die Möglichkeiten, eine Tiergalerie zu erstellen, sind vielfältig. Es gibt Galerien mit den witzigsten Tierfotos des Jahres. Galerien von niedlichen Tierbabys. Galerien gefährdeter Tiere oder vom Aussterben bedrohter Tiere. Von gefährlichen Tieren und ganz harmlosen Tieren. Oder von Tieren, die ein neues Zuhause suchen.

1

2

3

4

TIERGALERIE

MATERIAL

* **Eierkartons**
* **Kraftpapier**

WERKZEUG

* **Schere**
* **Pinsel**
* **Acrylfarbe**
* **Töpfchen für die Farbe**
* **Filzstifte/Kreidemarker**
* **Kleber**
* **evtl. Klebepads**

UND SO GEHT'S

1. Aus einem 10er-Pack Eier kannst du 4 Tiere für deine Galerie basteln. Am besten schneidest du zunächst den Deckel mit der Schere ab. Schneide dann alle Seitenwände ein und kürze sie um die Hälfte. So ist es einfacher, die einzelnen Figuren auszuarbeiten. Zwei kleine, runde Bodenflächen bilden jeweils die Ohren.

2. Dann kannst du richtig kreativ werden. Schneide runde oder spitze Ohren. Kleine oder große. Je nachdem, welches Tier du basteln magst. Du kannst auch die lange Nase kürzen und zukleben. Oder du lässt sie offen und klebst noch ein Stück Karton ein für die Zähne (wie bei Ferdi). Damit du deine Tiersammlung später besser bemalen kannst, solltest du sie erst einmal alle weiß anmalen.

3. Dann legst du die einzelnen Farben für die Tiere an. Rot für den Fuchs oder weiß oder grau für eine Maus. Braun für einen Bären und so weiter. Ist die Farbe trocken, malst du noch die Augen auf.

4. Dann schneidest du aus Kraftpapier (oder einem Stück Pappe) kleine ovale Scheiben zurecht. Du verzierst sie mit einem Kreidemarker und einem Namen. Anschließend klebst du deine Tiere darauf. Mit einem kleinen Klebepad kannst du deine Galerie nun aufhängen.

MIR GEHT'S SUPER

ICH BIN TRAURIG

ICH BIN NICHT GUT DRAUF

ICH BIN STINKSAUER

STIMMUNGSBAROMETER

Na, wie bist du denn heute drauf?

Manchmal geht es einem einfach nicht gut und man möchte nicht gestört werden. Oder man ist stinksauer und es ist besser, wenn die anderen einem aus dem Weg gehen. Dann ist es doch prima, wenn man es mit einem Stimmungsbarometer zeigen kann. So ist jeder gleich informiert, wie es dir heute so geht.

Schlechte Stimmung? Oder gute Laune?
Die Stimmung ist übrigens etwas, was sich meistens von außen auf uns überträgt. Also von anderen Menschen, mit denen du zusammen bist. Sind alle um dich herum sehr traurig, dann kannst du nicht wirklich fröhlich sein. Laune hingegen kommt von dir selbst. Hat irgendwas mal wieder nicht so geklappt, wie du dir das vorstellst? Dann hast du bestimmt schlechte Laune.

1

2

3

4

STIMMUNGSBAROMETER

MATERIAL

- Pappkarton
- farbige Papierreste
- Briefklammern z.B. mit Schraubenoptik
- Schnur

WERKZEUG

- Stift
- Schere
- Zirkel
- Kleber
- Prickelnadel/Nadel
- Lochzange
- evtl. Stanzen

UND SO GEHT'S

1. Für den Kopf malst du mit einem Zirkel einen großen Kreis auf ein Stück weißen Karton. Du kannst auch einen großen Teller als Vorlage benutzen, wenn du keinen Zirkel hast.

2. Den Kreis schneidest du anschließend mit der Schere aus. Dann suchst du dir ein paar hübsche Papierreste und schneidest die Teile für das Gesicht aus. Einen Mund, eine Nase, zwei Augen und zwei Augenbrauen. Und noch vier Bäckchen, (2 rosige Bäckchen und 2 für die traurigen Tränchen).

3. Dann nimmst du eine Lochzange (alternativ eine Prickelnadel oder Nähnadel) und machst in alle Teile mittig ein kleines Loch für die Briefklammern (außer bei den Bäckchen, hier machst du das Loch am oberen Rand). Danach legst du die Teile auf deinen Gesichtskarton, damit du weißt, wo alles hingehört. Mit einem Stift malst du durch dein kleines Loch einen Punkt. Dort machst du anschließend ein Loch in den Karton. Dann steckst du jeweils eine Briefklammer durch ein Gesichtsteil und schiebst sie durch das Loch im Karton. Hinten biegst du die Klammer dann auseinander.

4. Deine Bäckchen haben 2 Seiten (die rosige und die mit der Träne). Du klebst die beiden Seiten zusammen und fädelst sie mit einem kleinen Stück Schnur durch das Loch unterhalb der Augen. Auf der Rückseite machst du 2-3 Knoten. So kannst du nun auf der Vorderseite die Bäckchen einfach wenden, wie du magst.

SAMMELMÄPPCHEN

Platz für kleine Geheimnisse

Eine geheime Botschaft erhalten? Oder 5 Euro von der Oma?
Dann ist so ein kleines Mäppchen genau das Richtige.
Hier ist Platz für den Einkaufszettel, die Kinokarte, eine kleine Skizze, die du gezeichnet hast oder einfach nur für ein bisschen Kleingeld.

So lange es Geld gibt, gibt es auch Geldbörsen – logisch! Irgendwo muss man das Geld ja verstauen. Früher waren es aber eher Beutel. Geldbeutel eben. Den ältesten Geldbeutel fand man übrigens bei der Mumie des Höhlenmenschen Ötzi. Unglaublich, oder? Immerhin ist der ja schon mehr als 5000 Jahre alt. Aber vermutlich hatten schon die alten Ägypter so etwas wie Geldbeutel. Wer weiß?

1

4

2

5

3

6
STAEDTLER permanent special
Lumocolor

SAMMELMÄPPCHEN

MATERIAL

* leere Milch- oder Safttüte (Tetrapack)
* Gummizugschnur mit Splinten
* Nieten

WERKZEUG

* Stift
* Schere
* Lochzange
* Lineal
* Nietenzange
* doppelseitiges Klebeband

TIPP

Für den tollen Knitterlook musst du den Karton vorher im Wasser gut zerknautschen und dann wieder trocknen lassen. Du kannst auch die silberne Seite nach außen falten.

UND SO GEHT'S

1. Zunächst spülst du deine Milch- oder Safttüte gut aus. Dann faltest du sie auseinander und schneidest den oberen Teil mit dem Ausguss und den Boden ab. An der Stelle, wo die Papiernaht ist, fängst du nun an, die obere bedruckte Schicht abzuziehen. Dann schneidest du die Tüte auseinander.

2. Die Skizze von Seite 75 kannst du dir kopieren und als Vorlage ausschneiden. So hast du eine Schablone, die du mehrmals verwenden kannst. Diese Schablone legst du auf deine auseinandergefaltete Tüte und zeichnest die Konturen mit einem Stift nach. Die restlichen Linien kannst du mit dem Lineal einzeichnen.

3. Dann schneidest du deine Kontur mit der Schere aus. Falte alle gestrichelten Linien einmal nach innen und drücke sie gut fest. Klebe dann an die markierten Stellen ein Stück Klebestreifen und falte die kleine Tasche nach oben, um sie anzukleben. In diese Taschen kannst du später z. B. Geld hineinstecken.

4. Nun schneidest du einen kleinen Kreis aus einem Reststück aus und lochst es in der Mitte. An der auf deiner Vorlage markierten Stelle machst du ebenfalls ein Loch. Lege den Kreis auf die kleine Lasche und befestige mit einer Nietenzange eine kleine Metallniete.

5. Dann kannst du deine Gummizugschnur einfädeln, mit der du später die Geldbörse schließen kannst.

6. Wenn du magst, kannst du deine kleine Geldbörse noch bemalen oder bestempeln.

FABELWESEN

Fabelhafte Fabeltiere

Erfinde doch selbst einmal ein Tier. Oder gleich einen ganzen Fabelzoo. Hier ist alles erlaubt. Ein Fisch mit Vogelfedern, ein Elefant mit Schwimmflossen, ein Hase mit Tigerfell, eine Giraffe mit kurzen Beinen und einem Gebiss wie ein Krokodil Du glaubst, dass gibt es nicht? Probiere es aus!

„Fabelwesen“ sind übrigens Kreaturen, die sich die Menschen ausgedacht haben, die es aber in Wirklichkeit gar nicht gibt. Wie zum Beispiel Einhörner, Meerjungfrauen, Elfen, Riesen, der Yeti oder Drachen. „Fabeltiere“ hingegen können wirklich existieren, denn es sind zumeist Tiere in einer Geschichte (Fabel), die man wie einen Menschen mit bestimmten Eigenschaften darstellt. Typische Fabeltiere sind zum Beispiel der Fuchs, auch Reineke genannt, der Hase als Meister Lampe, der Wolf als Isegrim oder der Storch als Adebar und natürlich Meister Petz – der Bär.

1

2

3
Glue

FABELWESEN

MATERIAL

* weißer Karton
* Bastelpapierreste

WERKZEUG

* Schere
* Bleistift
* Klebestift
* Klebepads
* Lochstanzen

alternativ:

* Pinsel
* Acrylfarbe
* Töpfchen für die Farbe

UND SO GEHT'S

1. Auf der Seite 77 findest du ein paar Vorlagen für deinen Fabelzoo, aber natürlich kannst du ihn auch frei malen. So wie du dir ein Fabelwesen vorstellt. Vielleicht ist es aber auch ein ganz normales Tier – nur eben ganz bunt. Male deine Vorlage auf einen Karton (weiß wäre super, es geht aber auch ein ganz normaler brauner Karton). Schneide dann alle deine Tiere aus.

2. Nun kannst du wählen. Vielleicht magst du lieber deine Tiere mit Farbe anmalen. Dann verwende Acrylfarben, die sind deckend und man kann sie auch gut übermalen.

3. Wenn du noch viele Bastelreste hast (es können auch kleinste Schnipsel sein), kannst du damit deine Fabelwesen bekleben. Hierfür benötigst du keine Vorlage. Schneide einfach nach Lust und Laune viele kleine Teile aus und beklebe damit deine Tiere. Vielleicht hast du auch lustige Stanzen, die du verwenden kannst.

Je bunter, desto fabelhafter!

TIPP

Mit einem kleinen Klebepad auf der Rückseite kannst du deine Fabelwesen anschließend aufkleben.

TELEFON
TELEFON

TELEFONLATERNE

Hallo? Wer spricht?

Nach Hause telefonieren ... geht natürlich nicht mit dieser kleinen englischen Telefonzelle, aber du kannst diese hübsche kleine Laterne in deinem Zimmer aufstellen. Mit einer Lichterkette oder einer kleinen LED-Kerze.

Vor vielen, vielen Jahren gab es in Großbritannien einen Kreativ-Wettbewerb für eine Telefonzelle. Die Telefonzelle des Gewinners (ein Mister Scott) war eigentlich in Silber. Aber die Postbehörde hat sie rot angestrichen, damit man sie auch von Weitem gut erkennen kann. Tolle Idee!

1
Milbona
haltbare
VOLL-
MILCH
3,5%
Fett

2
Milbona
haltbare
VOLL-
MILCH
Deine
Lidl Plus App
1L

3

4
rotring

5

6
TELEFON

TELEFONLATERNE

MATERIAL

* Milch- oder Safttüte aus Tetrapack
* festes Papier
* Transparentpapier
* Lichterkette

WERKZEUG

* Bleistift
* wasserfester Filzstift
* Schere
* Lineal
* Pinsel
* rote Acrylfarbe
* Töpfchen für die Farbe
* Kleber

UND SO GEHT'S

1. Als Erstes spülst du deine Tüte gut aus und trocknest sie ab. Dann drückst du den oberen Teil auseinander und schneidest mit der Schere den Teil mit der Öffnung gerade ab.

2. Dann werden die Fester ausgeschnitten. Dafür solltest du dir eine kleine Schablone aus festem Papier machen, die du für alle 4 Seiten zum Aufzeichnen verwenden kannst. Mit der Schere schneidest du dann die oberen 4 Kanten noch ein wenig rund.

3. Danach malst du deine Tüte rot an. Warte, bis sie getrocknet ist, und streiche sie noch einmal, damit die Farbe auch richtig gut deckt.

4. Dann nimmst du wieder deine Schablone zur Hand und legst sie auf das Transparentpapier. Zeichne die äußere Form auf und auch die innere des Fensters. Mit einem Permanent-Filzstift zeichnest du dann die Fensterverstrebungen ein.

5. Hast du 4 Teile vorbereitet, klebst du sie an den Innenseiten deiner Tüte fest.

6. Dann schneidest du noch die kleinen Telefonetiketten aus (Vorlage auf Seite 74) und klebst sie auf allen 4 Seiten auf. Nun noch eine Lichterkette hinein – fertig ist deine englische Telefonzelle.

PAPPTELLER-TIERE

Ich wünscht', ich wär unten im Meer …

Was da so alles schwimmt, paddelt und krabbelt. Wenn du schwimmen könntest wie ein Fisch - du würdest staunen, wie viele verschiedene Fischarten es im Meer gibt. Von groß über klein bis unscheinbar oder auffallend bunt. Neugierig oder sehr scheu. Lecker oder ungenießbar. Und manche sogar giftig.

Und Forscher haben errechnet, dass Fische bis zu einer Tiefe von 8200 Metern leben können. Das ist ganz schön tief. Stell dir vor, du müsstest eine Strecke von 8 km zu Fuß gehen. Da wärst du sicher über zwei Stunden unterwegs!!!

1

2

3

4

5
REEVES

PAPPTELLER-TIERE

MATERIAL

* Pappteller

WERKZEUG

* Bleistift/Filzstift
* Schere
* Lochzange
* evtl. Lochstanze
* Pinsel
* Acrylfarben
* Töpfchen für die Farbe
* Kleber

UND SO GEHT'S

1. Für deine Meerestiere kannst du ruhig benutzte Pappteller nehmen, wenn sie nicht allzu schmutzig sind. Wische sie einfach ein wenig ab und verwende die Rückseite. Mit einem Bleistift oder einem Filzstift malst nun z.B. deine Krabbe auf. Ein paar verkleinerte Vorlagen zum Abzeichnen findest du auf Seite 76.

2. Dann schneidest du deine Umrisse mit der Schere aus. Wenn du eine Lochstanze hast, kannst du die großen Augen ausstanzen. Mit der Schere geht es aber auch.

3. Für die Wasserschildkröte schneidest du deinen Pappteller einmal in der Mitte durch. Auf den oberen Teil malst du den Panzer auf. Aus dem unteren Teil kannst du Kopf und Flossen ausschneiden.

4. Der Clownfisch besteht aus einem ganzen Teller. Hier musst du nur den Mund am Rand ausschneiden. Dann malst du das Muster auf die Rückseite des Tellers. Aus anderen Papplresten kannst du noch die Flossen zurechtschneiden.

5. Dann kannst du deine Meerestiere anmalen. Die Krabbe ist einfach, sie ist nur rot. Der Clownfisch ist weiß, orange und schwarz. Und die Schildkröte dunkelgrün und hellgrün. Fang beim Malen immer mit der hellsten Farbe an, dann kannst du Ungenauigkeiten mit der dunkleren Farbe korrigieren.

Zum Schluss klebst du noch die Flossen an und setzt die Augen an die richtige Stelle und dann nix wie ans Meer.

WALDHOCHHAUS

Haus im Wald? Oder Wald im Haus?

Oder Haus im Haus? Egal! Hier kannst du deine Kreativität ausleben. Lass Städte entstehen und Landschaften. Staple alles übereinander und nebeneinander. So ein Projekt ist sehr ausbaufähig. Vielleicht gibt es in deiner kleinen Zimmerstadt auch einen Zoo mit Tieren. Oder es ist das Meer in einer Etage untergebracht.

Auch wenn du kein eigenes Baumhaus besitzt, kannst du in einem übernachten. Denn mittlerweile gibt es viele Baumhaushotels in Deutschland. In einigen kann man auch im Winter nächtigen, denn sie sind sogar beheizt. Wäre das nicht eine tolle Idee für einen Kurzurlaub? Morgens über den Wipfeln der Bäume erwachen und mit den Vögeln zwitschern?

1

2

3
UHU
KREIDEMARKER

4
UHU

WALDHOCHHAUS

MATERIAL

* dicke Pappreste
* evtl. Wellpappe
* Zahnstocher aus Holz

WERKZEUG

* Stift
* Schere
* Lineal
* Pinsel
* Acrylfarben
* Töpfchen für die Farbe
* Kreidemarker
* Kleber
* Paketklebeband

UND SO GEHT'S

1. Zunächst schneidest du die Pappwände für deine Zimmerboxen aus. Im Beispiel hier wurden dafür folgende Maße verwendet: 10 Teile mit dem Maß 8,5 cm x 12 cm (quadratische Zimmer + Dachschrägen). 2 Teile mit dem Maß 12 cm x12 cm (Rückwände). 4 Teile mit dem Maß 8,5 cm x 8,5 cm und 6 Teile mit dem Maß 8,5 cm x 16 cm (hohe Zimmer + Rückwände). Für das schräge Dach schneidest du später noch ein passendes Dreieck zu.

2. Aus diesen Teilen klebst du nun die kleinen Zimmerboxen mit Paketklebeband zusammen.

3. Nun kannst du die Zimmerboxen gestalten. Schneide kleine Rechtecke für die Häuser zu oder Dreiecke für die Bäume. Für die Baumstämme nimmst du Zahnstocher. Diese eignen sich auch gut als Zaunlatten. Du kannst die Hintergründe der Boxen anmalen, Dekorationen wie kleine Wolken oder Büsche ausschneiden und anmalen, ganz wie du magst. Fenster und Türen malst du mit Kreidemarker auf deine Häuschen auf.

4. Ist alles ausgeschnitten und angemalt? Dann klebst du alles in deine Zimmerboxen. Sind die Boxen fertig, klebst du sie einfach alle zusammen – zu einem Haus mit Häusern und Wald.

TIPP

Natürlich kannst du auch kleine Schachteln verwenden, die ihr zu Hause gesammelt habt. Etwa Schachteln von Cornflakes oder Waschpulver. Oder kleine Geschenkschachteln. Male diese dann einfach mit Acrylfarbe an.

ROOAAR!
ROOAAR!

LÖWENKOPF

Der König der Tiere.

Wenn du mal auf Safari in freier Wildbahn oder im Zoo einen beeindruckenden Löwen mit einem riesigen wuscheligen Kopf siehst, dann ist das ein männlicher Löwe. Er trägt seine Mähne wie ein König seine Krone. Und deshalb ist er natürlich der König der Tiere.

Wahrscheinlich aber stammt die Bezeichnung „König der Tiere" aus alten Märchen und Geschichten. Der Löwe hat enorme Kräfte, er steht für Würde und Macht. Und alle fürchten sich vor ihm. An einer Jagd nimmt er nur selten teil, bekommt am Ende aber den „Löwenanteil" der Beute ...

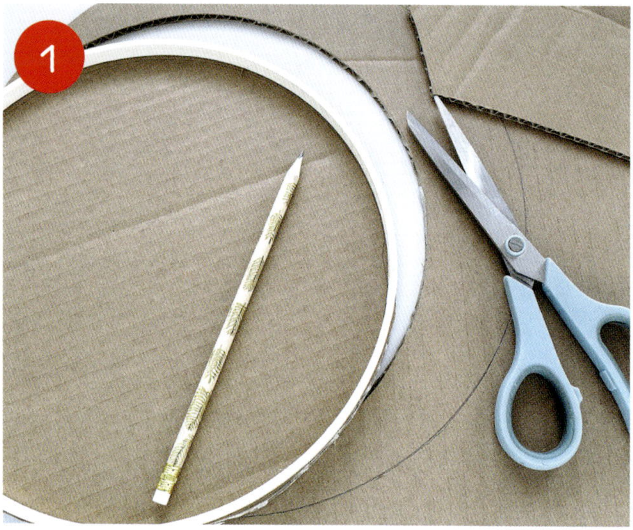
1

4

2

3A

3B
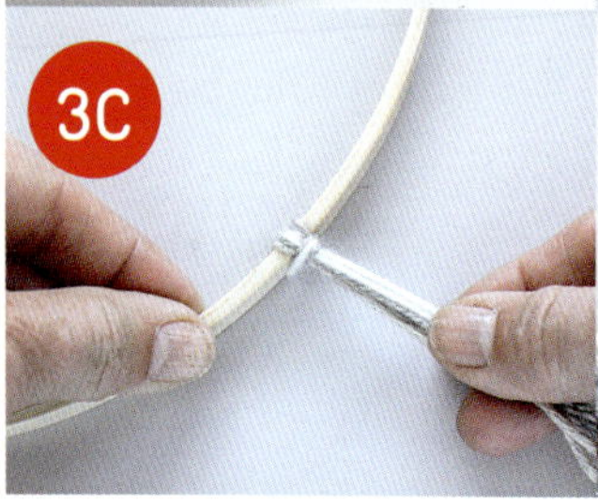
3C

3D

5

DER LÖWE

MATERIAL

* Pappkarton
* Papierreste oder dicke Filzstifte
* Holzring ø 30 cm
* Wollreste
* Bilderaufhänger

WERKZEUG

* Stift
* Schere
* Lineal
* Kleber

UND SO GEHT'S

1. Für den Kopf des Löwen legst du den Holzring auf deine Pappe und zeichnest ihn mit einem Stift außen nach. Anschließend schneidest du den Kreis aus. (Solltest du keinen Holzring bekommen, kannst du auch einfach deine Pappe am Rand mit einer Gürtelzange lochen und dort deine Wollfäden anknüpfen.)

2. Dann brauchst du viele Wollfäden. Sie wollten ca. 24 cm lang sein. Die Länge kannst du mit einem Lineal abmessen. Schneller geht es aber mit einer Pappe mit 12 cm Höhe. Du wickelst deine Wolle um die Pappe und schneidest am Ende alle Fäden einmal durch.

3a. Lege nun ein Bündel Fäden wie abgebildet unter den Ring.
3b. Nimm nun die losen Enden, lege sie über den Ring und fädle sie durch die kleine Schlaufe.
3c. Ziehe dann deine Fäden gut fest.
3d. Das wiederholst du so oft, bis der ganze Ring umwickelt ist.

Solltest du sehr dicke Wolle haben, brauchst du natürlich jeweils nur einen Faden pro Schlaufe.

4. Ziehe noch einmal alle Fäden gut an und klebe dann von der Rückseite deinen Pappkreis auf den Ring. Ist der Kleber fest, kannst du deine Löwenmähne noch ein wenig zurechtschneiden.

5. Nun fehlt nur noch das Gesicht des Löwen. Das kannst du entweder aufmalen oder du schneidest es dir aus ein paar farbigen Papierresten mit der Schere aus. Mit einem Bilderaufhänger zum Aufkleben kannst du dann den Löwen an die Wand hängen.

FISCHTEICH

Fische angeln leicht gemacht.

Aber ganz so leicht soll es dann auch nicht sein. Denn wer den falschen Fisch angelt, hat verloren. Die schwarze Angel angelt die schwarzen Fische, die weiße Angel angelt die weißen Fische. Aber Vorsicht: So ein Magnet schnappt sich schnell den Fisch, der gerade vorbeischwimmt.

Wisst ihr eigentlich, wie sich die Angler begrüßen?
Einer sagt „Petri Heil", der andere antwortet „Petri Dank". Man wünscht sich so gegenseitig einen guten Fang. Schließlich hat nicht jeder Glück und an manchen Tagen fängt man gar nichts. Auch wenn manch ein Angler später erzählt, was für einen riiiiieesen Fisch er gefangen hat, obwohl das gar nicht stimmt – das nennt man dann Anglerlatein :)

1

4

2
permanent

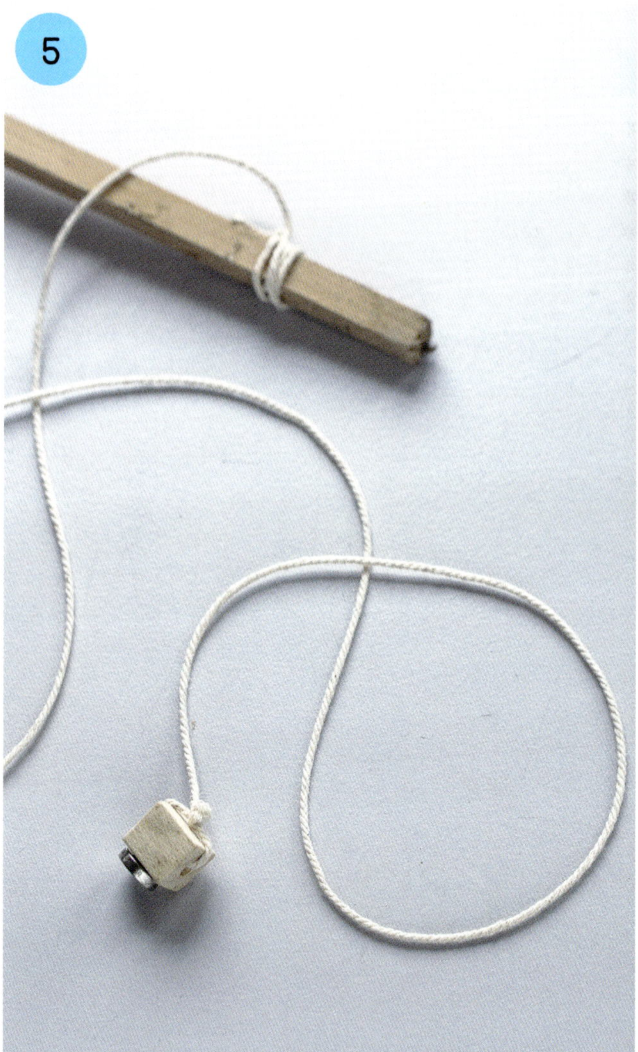
5

3

FISCHTEICH

MATERIAL

* Kartonreste
* Metallnieten
* Schnur in 2 Farben
* kleine Magnete
* Holzstäbe, ca. 60 cm
* Holzperlen in 2 Farben

WERKZEUG

* Schere
* Stift
* Kleber/Heißklebepistole
* Lochzange
* Nietenzange
* Kreidemarker in 2 Farben

UND SO GEHT'S

1. Auf Seite 74 findest du eine Schablone für den Fisch. Zeichne ihn mit einem Stift so oft du willst auf deine Pappe. Für das Spiel sollten aber von jeder Farbe mindestens 5 Fische vorhanden sein. Schneide anschließend die Fische mit einer Schere aus.

2. Nun bemalst du die Fische. Denke dir selber tolle Muster aus. 5 Fische in der einen Farbe und 5 Fische in der anderen.

3. Mit einer Lochzange stanzt du dann das Auge des Fisches aus, steckst eine Niete hinein und drückst sie mit der Nietenzange fest.

4. Dann bastelst du den „Angelhaken". Der in diesem Falle natürlich ein Magnet ist. Binde eine Schnur an eine Perle (rund oder eckig) und klebe an dieser einen kleinen Magneten fest. Dafür brauchst du einen starken Kleber oder eine Heißklebepistole. Lass dir hier von einem Erwachsenen helfen. Wähle eine helle und eine dunkle Perle, ebenso eine helle und eine dunkle Schnur.

5. Dann musst du nur noch das Ganze an deine Angeln binden. Die Schnur sollte ca. 60 cm bis 100 cm lange sein. Petri Heil!

SCHATTENZIRKUS

Manege frei!

Was für ein Zirkus! Akrobaten, Clowns, Zauberer, starke Männer, Jongleure, Dompteure, wilde Tiere, lustige Tiere. Hereinspaziert! Hereinspaziert! So was hast du noch nie gesehen! Oder doch? Warst du schon mal in einem Zirkus und hast dich verzaubern lassen? Hast gelacht und die Luft angehalten, wenn die Artisten durch die Luft geflogen sind? Hier kannst du nun mal selbst Zirkusdirektor sein und dir spannende und lustige Zirkusnummern ausdenken.

Wenn dein Vater kein Clown ist und deine Mutter keine Hochseilartistin, du aber trotzdem gerne zum Zirkus möchtest, gibt es dafür sogar Schulen. Dort kannst du dich zum staatlich anerkannten Artisten ausbilden lassen.

1

2

3

4

SCHATTENZIRKUS

MATERIAL

* Pappschachtel (Grundfläche ca. 30 cm x 40 cm)
* Pappreste
* Transparentpapier
* Schaschlikspieße aus Holz
* festes Papier
* Lichtquelle

WERKZEUG

* Stift
* Lineal
* Schere/Cutter
* Pinsel
* Acrylfarben
* Töpfchen für die Farben
* Klebeband
* Kleber oder Heißklebepistole

UND SO GEHT'S

1. Auf die Rückseite des Bodens deiner Pappschachtel zeichnest du dein Fenster. Es sollte etwas kleiner sein als dein Bogen Transparentpapier, damit genügend Platz zum Ankleben bleibt. Schneide dann das Fenster aus. Ist der Karton zu fest, lass dir von einem Erwachsenen mit einem Cuttermesser helfen. Anschließend klebst du das Transparentpapier unter den Boden der Schachtel, der die Rückwand deines Zeltes wird.

2. Nun benötigst du noch ein wenig Dekoration für deinen Zirkus. Zeichne dir 2 Vorhänge für links und rechts und ein Zeltdach auf deine Pappe und schneide sie aus. Für den oberen Rand vielleicht noch eine Zickzackkante für einen schönen Abschluss.
Male dann zunächst alle deine Teile mit weißer Acrylfarbe an. Ist die Farbe getrocknet, kannst du mit dem Bleistift die Streifen aufzeichnen und anschließend mit roter Acrylfarbe ausmalen.

3. Sind alle Dekorationen fertig angemalt und getrocknet, werden sie am Karton aufgeklebt. Wenn du eine Heißklebepistole verwenden möchtest, lass dir beim Aufkleben helfen.

4. Natürlich gehört auf ein Zeltdach auch eine kleine Fahne. Schneide sie aus einem Stück festem Papier aus und klebe sie dann an einen Schaschlikspieß. Dieses wird dann oben in die Pappe gesteckt. Ist der Karton nicht dick genug, kannst du das Stäbchen auch von hinten an das Zeltdach kleben.

Auf der nächsten Seite geht es weiter ...

5

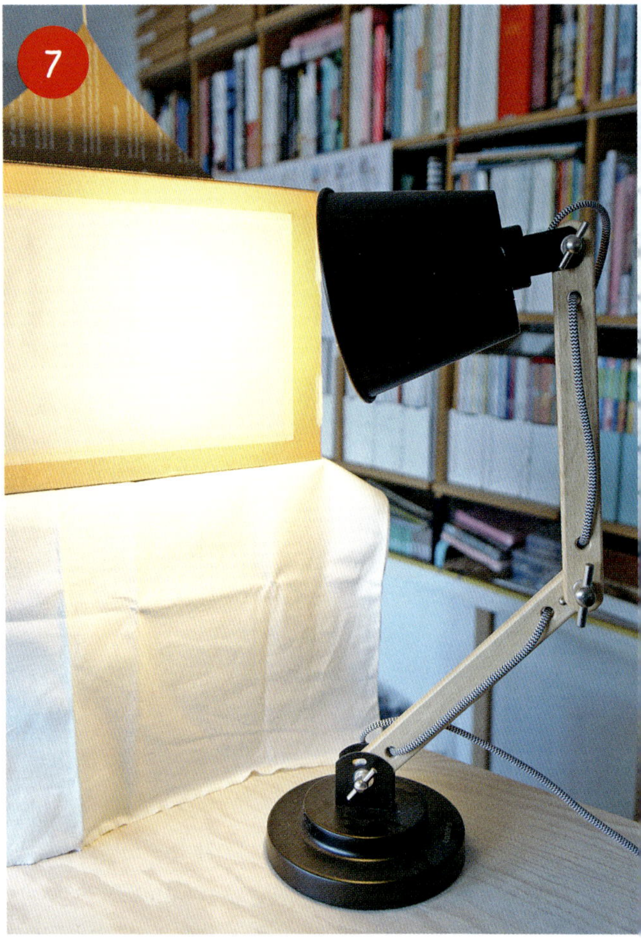
7

6

8

UND SO GEHT'S WEITER

5. Für deine Artisten findest du auf Seite 78 ein paar Vorlagen. Kopiere sie in einer Größe, die zu deinem Zirkus passt. Am besten auf ein etwas festeres Papier. Das Papier muss nicht unbedingt schwarz sein, da man die Figuren eh nur als Schatten sieht. Schneide dann die Figuren mit einer kleinen Schere aus.

6. Auf der Rückseite klebst du mit einem Stück Klebeband die Schaschlikspieße fest.

7. Damit dein Schattenzirkus funktioniert, benötigst du eine Lichtquelle. Das kann eine kleine Lampe sein oder auch eine sehr starke Taschenlampe. Probiere es aus.

8. Und dann kannst du auch schon loslegen. Verteile ein paar Eintrittskarten und zeige deine Stars in der Manege. Denk dir tolle Kunststücke aus und verzaubere dein Publikum.

FLUGZEUG

Flieger, grüß mir die Sonne...

Bist du schon einmal geflogen? In einem richtigen Flugzeug? Vielleicht in den Urlaub? Das ist natürlich spannend, aber richtig viel sehen kannst du nicht. Außer beim Start und bei der Landung. Wäre es nicht toll in einem kleinen Flugzeug über deinen Heimatort zu fliegen? Vielleicht über die Straße, in der du wohnst. Du würdest staunen, wie das von oben alles so ausschaut.

Es gab einmal zwei Brüder, Wilbur und Orville, die besaßen eigentlich eine Fahrradwerkstatt. Aber sie träumten davon, ein Flugzeug zu bauen. Und zwar eines, das man auch richtig steuern kann. Bereits ein paar Jahre später, 1905, konnten sie in ihrem selbst gebauten Flieger über 30 Minuten in der Luft bleiben und zum Ende des Jahres 1908 waren es dann schon 2½ Stunden.

1

2

3

4

5

6
7

FLUGZEUG

MATERIAL

* leere Toilettenpapierrollen

WERKZEUG

* Stift
* Scheren
* Pinsel
* Acrylfarben
* Töpfchen für die Farben
* evtl. Lack- oder Filzstifte
* Kleber

UND SO GEHT'S

1. Schneide zunächst deine Pappröllchen mit der Schere längs auf.

2. Lege sie dann flach hin und übertrage deine Vorlage. (Du findest sie auf Seite 74.) Wenn du alle Teile geschickt platzierst, benötigst du pro Flugzeug nur ein einziges Pappröllchen. Vergiss nicht, auch die Schlitze für die Flügel zu übertragen.

3. Schneide dann alle Teile mit der Schere aus. Die Schlitze schneidest du am besten mit einer sehr kleinen Schere aus. (Oder bitte einen Erwachsenen, dir mit einem Cutter zu helfen.)

4. Nun kannst du die Teile deines Flugzeugs nach Herzenslust anmalen. Mit Acrylfarben legst du zunächst eine Grundfarbe an. Wenn die Farbe getrocknet ist, kannst du auch Filz- und Lackstifte zum Anmalen verwenden.

5. Sind alle Teile vorbereitet und gut angetrocknet, schiebst du den großen und den kleinen Flügel durch die Schlitze deines Flugzeugs. Den großen Flügel gleich hinter das "Cockpit" und dahinter den kleinen Flügel als Höhenruder.

6. Anschließend brauchst du nur noch die Räder und das Seitenruder anzukleben und schon geht's auf die Startbahn. Guten Flug!

VORLAGEN

TELEFONSCHILD
SEITE 44

TELEFON

TELEFON

TELEFON

TELEFON

ANGELFISCH
SEITE 60

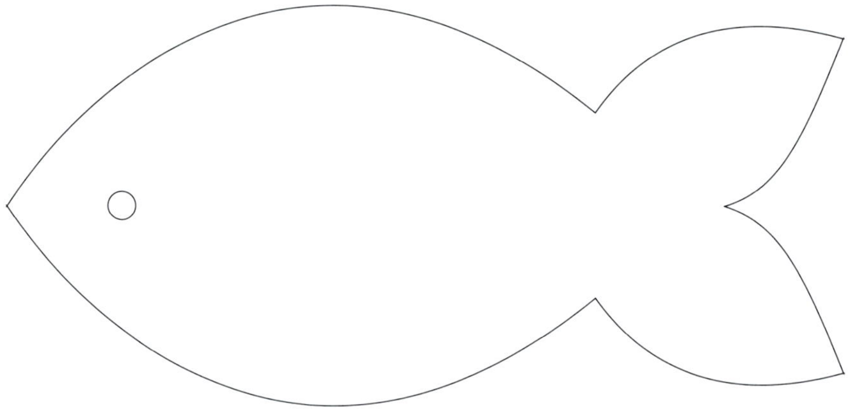

FLUGZEUG
SEITE 70

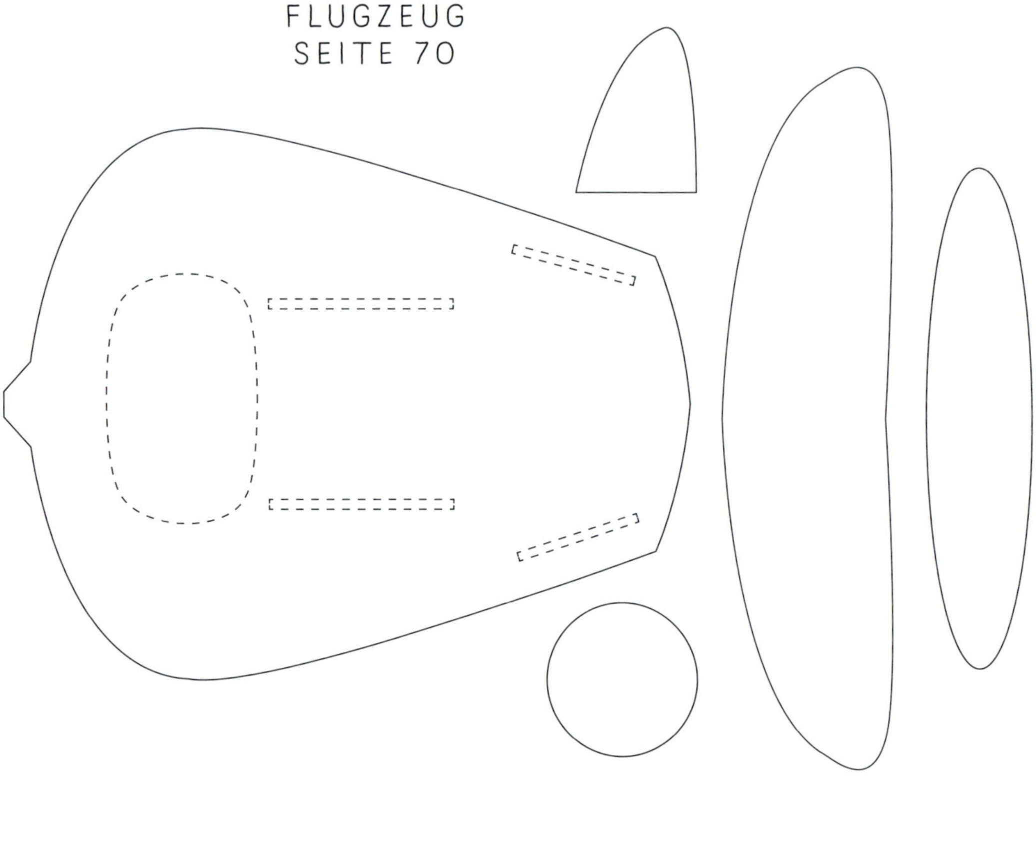

SAMMELMÄPPCHEN
SEITE 36

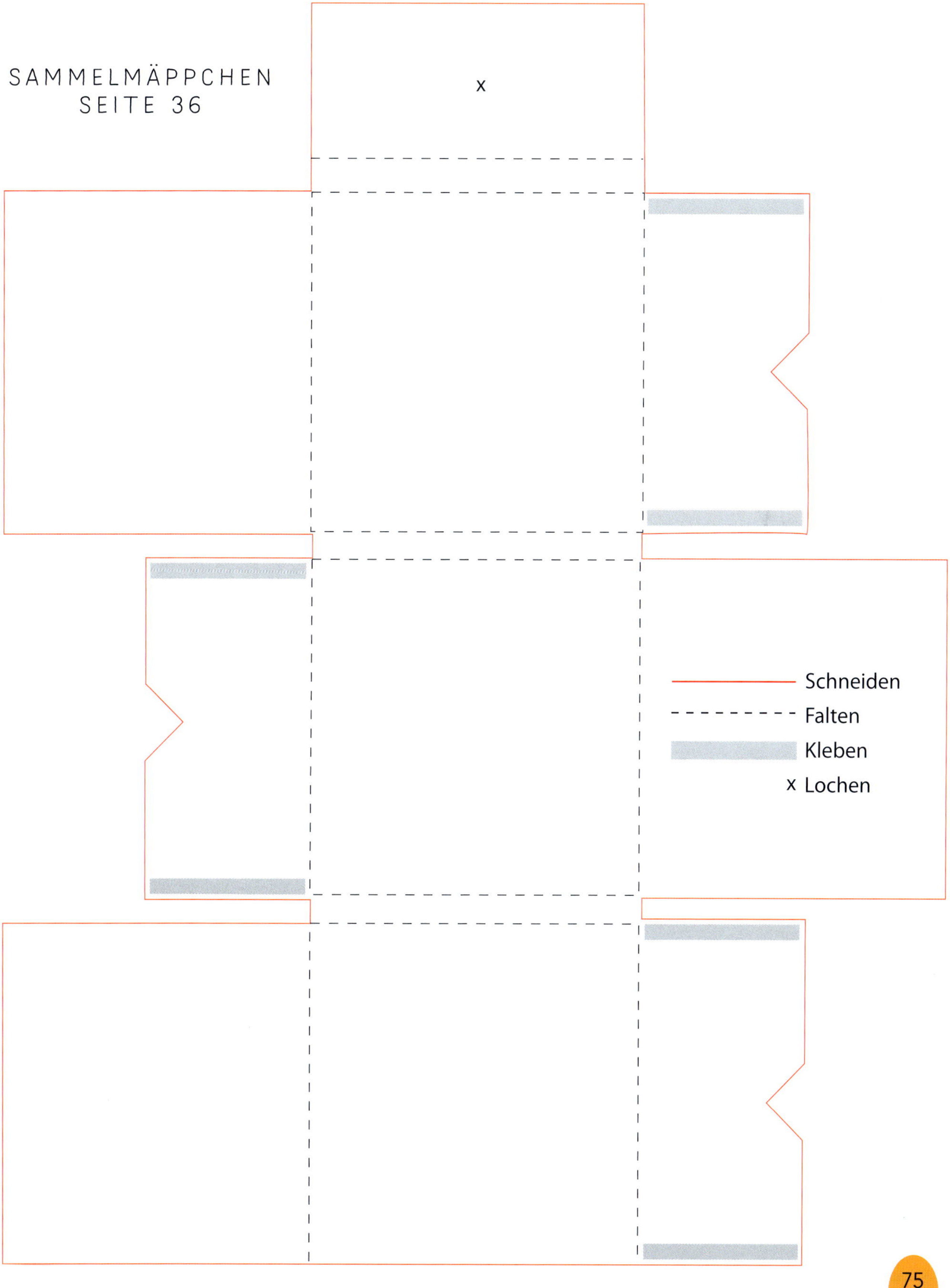

MEERESTIERE
SEITE 48

RAKETENFUSS
SEITE 12

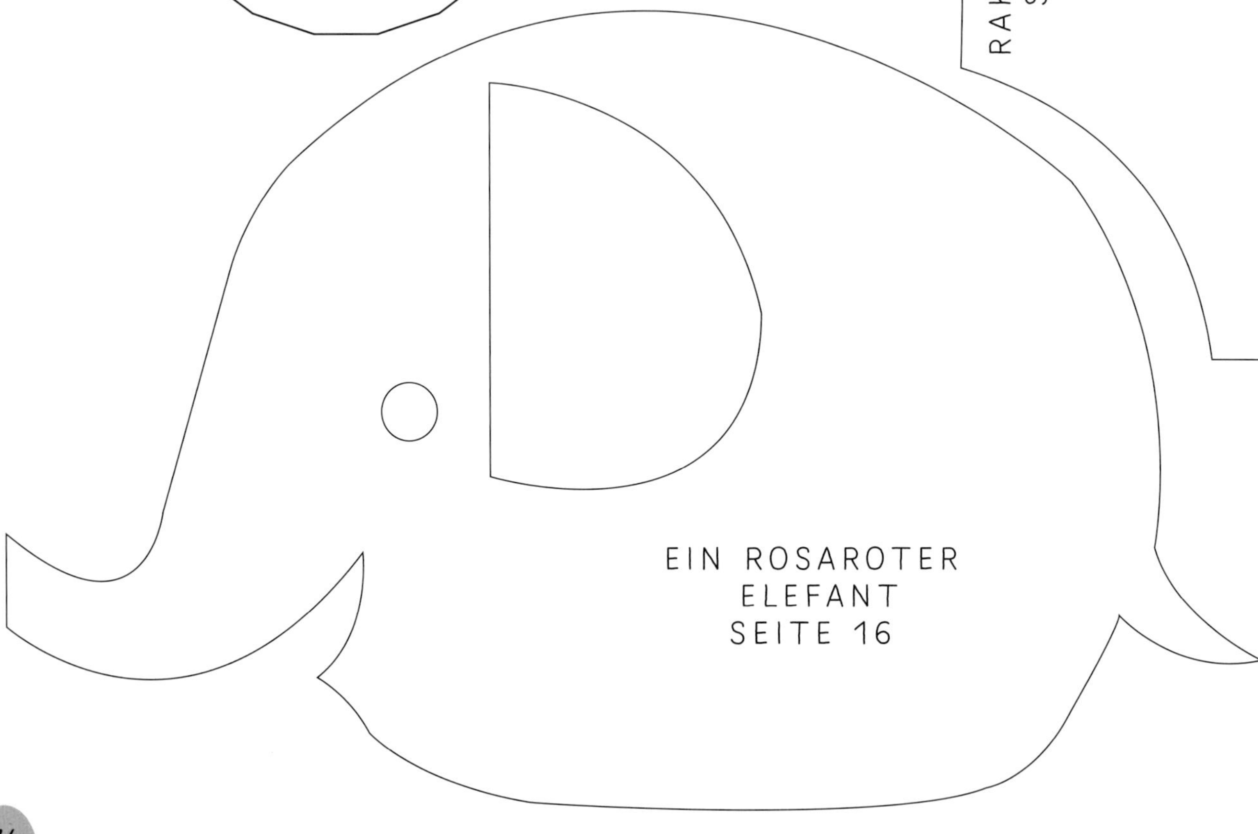

EIN ROSAROTER
ELEFANT
SEITE 16

KLEINER FABELZOO
SEITE 40

REGENBOGEN
SEITE 8

SCHATTENZIRKUS
SEITE 64

Ebenfalls erhältlich ...

ISBN 978-3-8411-0245-4

ISBN 978-3-8411-0258-4

ISBN 978-3-8411-0244-7

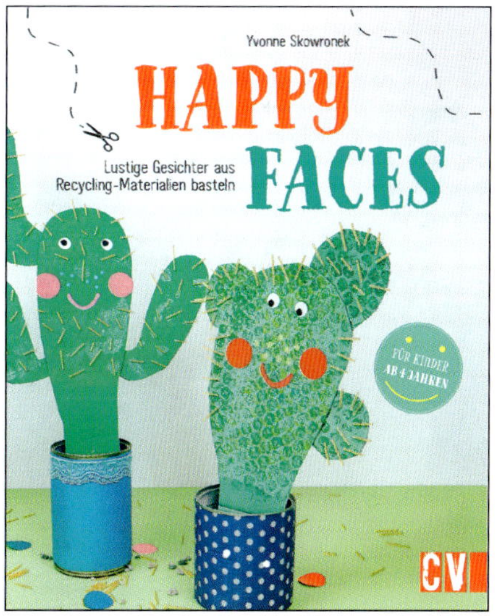

ISBN 978-3-8411-0254-6

CV

www.christophorus-verlag.de

IMPRESSUM

Autorin: Ina Mielkau
Fotos und Illustrationen: Ina Mielkau
Produktmanagement: Svenja Wiglinghaus
Lektorat: Sigrun Borstelmann
Korrektorat: Anna Maier
Umschlaggestaltung: Ina Mielkau
Layout und Satz: Ina Mielkau
Repro: LUDWIG:media
Herstellung: Kathleen Baumann
Printed in Poland by Dimograf

★★★★★

Sind Sie mit diesem Titel zufrieden? Dann würden wir uns über Ihre Weiterempfehlung freuen. Erzählen Sie es im Freundeskreis, berichten Sie Ihrem Buchhändler oder bewerten Sie beim Onlinekauf.
Und wenn Sie Kritik, Korrekturen oder Aktualisierungen haben, freuen wir uns über Ihre Nachricht an Christophorus Verlag, Postfach 40 02 09, 80702 München oder per E-Mail an lektorat@verlagshaus.de.

Unser komplettes Programm finden Sie unter

www.christophorus-verlag.de

In diesem Buch wird aus Gründen der besseren Lesbarkeit das generische Maskulinum verwendet. Weibliche und anderweitige Geschlechteridentitäten werden dabei ausdrücklich mitgemeint, soweit es für die Aussage erforderlich ist.

Die Deutsche Nationalbibliothek verzeichnet diese Publikation in der Deutschen Nationalbibliografie; detaillierte bibliografische Daten sind im Internet über http://www.dnb.de abrufbar.

ISBN 978-3-8411-0260-7

Kreativ-Service

Sie haben Fragen zu den Büchern und Materialien? Frau Erika Noll ist für Sie da und berät Sie rund um alle Kreativthemen. Rufen Sie an! Wir interessieren uns auch für Ihre eigenen Ideen und Anregungen. Sie erreichen Frau Noll per E-Mail: **kreativ-service@c-verlag.de** oder **Tel.: + 49 (0)89 - 1306 99 - 577.**

Besuchen Sie uns im Internet: www.christophorus-verlag.de & www.selbstgemacht.de